书契万象

中国文字博物馆馆藏精品图录

黄德宽　刘纪献　主编

中州古籍出版社
·郑州·

图书在版编目 (CIP) 数据

书契万象：中国文字博物馆馆藏精品图录 / 黄德宽，刘纪献主编 . —郑州：中州古籍出版社，2023. 12
ISBN 978-7-5738-1224-7

Ⅰ . ①书… Ⅱ . ①黄… ②刘… Ⅲ . ①古文字 – 考古 – 中国 – 图录 Ⅳ . ① K877.02

中国国家版本馆 CIP 数据核字（2023）第 257334 号

书契万象：中国文字博物馆馆藏精品图录

责任编辑　周　贝　吴胜蕊
责任校对　刘　琳
美术编辑　赵启航

出 版 社　中州古籍出版社（地址：郑州市郑东新区祥盛街 27 号 6 层
　　　　　邮编：450016　电话：0371-65788693）
承印单位　安阳市长顺印务广告有限责任公司
开　　本　787 mm×1092 mm　1/8
印　　张　22.5
字　　数　250 千字
印　　数　1—500 册
版　　次　2023 年 12 月第 1 版
印　　次　2024 年 3 月第 1 次印刷
定　　价　216.00 元

［前　言］

中国文字博物馆于 2009 年建成并正式对外开放。开馆前后，中国文字博物馆始终致力于文字文物的征集与收藏，得到了国家、省、市文物行政部门及全国文博单位的大力支持，文物征集工作取得了令人瞩目的成绩。

历经十余年的不懈努力，中国文字博物馆的馆藏文物日渐丰富，所藏文物涵盖多种文字载体，包括甲骨、青铜、陶瓷、砖瓦、石器、玉器、竹木、纸质等不同类别。本次甄选出的文物，每件都有其独特的代表性，文物上的文字反映了中华文明强大的创造力、生命力，以及中华文明与文字文化一脉相承的发展历史。

习近平总书记指出："中国字是中国文化传承的标志。殷墟甲骨文距离现在 3000 多年，3000 多年来，汉字结构没有变，这种传承是真正的中华基因。"为了大力弘扬汉字文化，中国文字博物馆精选馆藏部分文物辑为图录，既是响应习近平总书记的号召，也是对我馆文物征集与管理工作的一次总结和回顾，更是对关心和支持我馆工作的社会各界人士的一次酬谢。

［目录］

甲骨

JIAGU

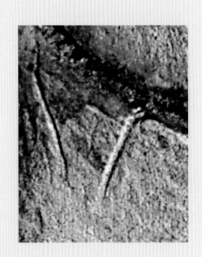

新石器时代裴李岗文化"八"刻符龟甲

新石器时代　河南舞阳贾湖出土

　　长 8.6 厘米，宽 10 厘米。

　　此为龟腹甲残片，泛白，上面有阴文刻符，形状像倒写的"八"字。

甲骨——书契万象
中国文字博物馆馆藏精品图录

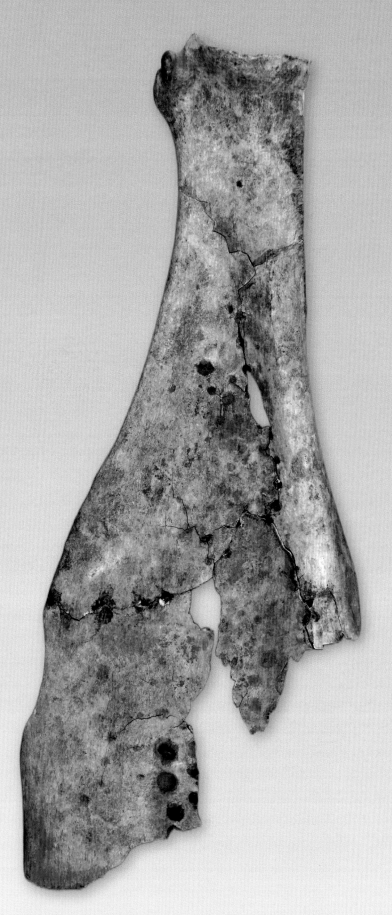

商卜骨

商　河南郑州商城出土

　　长 37 厘米，宽 13.5 厘米。

　　牛肩胛骨，残破。粘接，无切口，
正面有钻及烧灼痕迹。

商卜骨

商　河南郑州商城出土

长 34 厘米，宽 23 厘米。
牛肩胛骨，残破，经粘接，正面有钻及烧灼痕迹。

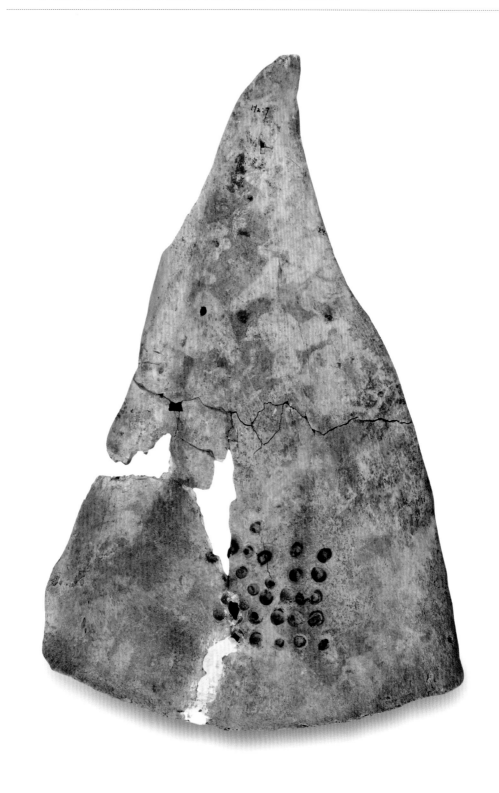

商卜甲

商　1991 年河南安阳花园庄东地出土

长 27.3 厘米，宽 19.7 厘米，厚 0.5 厘米。

龟腹甲，经过修整、粘接，背面数列钻凿及烧灼痕迹，排列整齐，以"千里路"为中心对称分布。正面与钻凿对应处为卜兆，中甲、后左甲、后右甲刻有卜辞。

商卜甲

商　1991 年河南安阳花园庄东地出土

　　长 28.3 厘米，宽 20 厘米，厚 0.4 厘米。

　　龟腹甲，经过修整、粘接，左边首甲、前甲、甲桥残，右边甲桥上有一椭圆形穿孔，背面数列钻凿及烧灼痕迹，排列整齐，以"千里路"为中心对称分布。正面与钻凿对应处为卜兆，后左甲、尾左甲刻有卜辞。

商卜甲

商　1991年河南安阳花园庄东地出土

长 27.3 厘米，宽 19.7 厘米，厚 0.5 厘米。

龟腹甲，经过修整、粘接，背面数列钻凿及烧灼痕迹，排列整齐，以"千里路"为中心对称分布。正面与钻凿对应处为卜兆，后左甲、后右甲刻有卜辞。

甲骨
——书契万象
中国文字博物馆馆藏精品图录

商卜甲

商　1991年河南安阳花园庄东地出土

长28.3厘米，宽20厘米，厚0.4厘米。

龟腹甲，经过修整、粘接，左边首甲、前甲、甲桥残，右边甲桥上有一椭圆形穿孔，背面数列钻凿及烧灼痕迹，排列整齐，以"千里路"为中心对称分布。正面与钻凿对应处为卜兆，后左甲、尾左甲刻有卜辞。

书契万象
中国文字博物馆馆藏精品图录

甲骨——书契万象

中国文字博物馆馆藏精品图录

商卜甲

商　1991年河南安阳花园庄东地出土

———————————————

　　长28.3厘米，宽20厘米，厚0.4厘米。

　　龟腹甲，经过修整、粘接，尾甲残，背面数列钻凿及烧灼痕迹，排列整齐，以"千里路"为中心两两对称。正面与钻凿对应处为卜兆，中甲、前右甲、后左甲、后右甲刻有卜辞。

青铜器

QINGTONGQI

商"入己"铜鼎

商 河南安阳苗圃南地 M47 出土

高 36.4 厘米，口径 28 厘米，壁厚 0.6 厘米，重 13870 克。

体态敦厚，敛口，斜沿方唇，两耳内倾，深腹，腹中部略外鼓，圜底，三柱足，中部稍细。

腹部饰有扉棱六条，把纹饰分为上、下两层。上层饰四个两两相对的凤鸟纹三组，每组以扉棱为中心，每边各两个凤鸟，首尾相连；每个凤鸟大体一致，均为长身、勾喙、弯角、圆目突出，浮于云雷地纹之上。下层饰大型夔纹组成的兽面纹（饕餮纹）三组。每底饰有云雷纹；而每组兽面纹则由两个曲折角龙纹组成，兽首两侧夔纹两首相对，夔张口，下颌外卷，上颌内勾，有齿，鼻上卷，有角无眉，圆角形方眼球，直身，双足，尾上折内勾，以云雷纹饰底。两耳间内壁一侧铸铭文"入己"2字。

商"息"鼎

商　河南罗山县蟒张乡天湖村出土

高 26.7 厘米，口径 17.63 厘米，腹深 8.6
厘米，重 2150 克。

此件器物为鬲鼎，立耳，侈口，三柱足，
分档。器物全身有三组兽面纹围成一周，器
物内壁铸一铭文"息"。有云雷底纹铺面，
造型精美，朴素大方，是商代晚期精美器物，
为研究商代"息"族文化提供了资料。

青铜器 书契万象—中国文字博物馆馆藏精品图录

商"爰"铜鼎

商 1984年11月河南安阳戚家庄东出土

高 28.2 厘米，口沿 22 厘米，重 4370 克。

两直耳，圆口，方唇内折，圆腹近直，腹部较深，圜底，三柱足。口沿下饰兽面纹三组，每组由两两相对的夔龙纹组成，云雷纹衬底，内壁一侧铸有一"爰"字铭文。

西周"长子口"带盖铜鼎

西周 1997 年河南鹿邑太清宫"长子口"墓出土

高 18.9 厘米，口径 15.11 厘米，腹深 7.15 厘米，重 1610 克。

带盖，盖上有一半环形钮，两侧有缺，两耳外撇，侈口，方唇，腹部近直微收，饰三组一周兽面纹，略分裆，三柱足。内壁一侧铸"长子口"3 字。

战国"薳子昃"带盖铜鼎

战国

高 26.1 厘米，口径 27.15 厘米，腹深 12.9 厘米。

带盖，该鼎的造型为敛口，鼓腹，圜底。两侧附耳直立，外撇，下作长方形，上呈圆钮状。腹下有三蹄形足。盖上有三兽形钮，中间有一圆形钮环。腹饰明显凸起的粗弦纹一周。下铸铭文："薳子昃之飤鼎。"

青铜器

书契万象

中国文字博物馆馆藏精品图录

战国"公祭"带盖铜鼎

战国

高 15.5 厘米，腹围 54 厘米，口径 14.5 厘米，重 1540 克。

带盖，敛口，鼓腹，圜底。两侧附耳直立，下作长方形，上呈圆钮状。腹下有三蹄形足。盖上有三环形钮，钮顶呈乳钉状。腹饰明显凸起的粗弦纹一周。器盖近边缘部及口沿外侧横刻 2 行 7 字铭文"公祭鼎二官共之"。

西汉"东平陵"带盖铜鼎

西汉

高 14 厘米，腹围 49 厘米，口径 11.3 厘米，重 1010 克。

带盖，盖上有三个环形钮柱，子母口，鼎上有两个圆形耳，鼓腹，腹部上饰两周弦纹，三足向内。

器身十八字：第百二，东平陵厨鼎，容五升，四斤一两，第百九。

器盖六字：盖百九，第百二。

"东平陵"鼎铭文为西汉"物勒工名"的一种，其中"第百二"为制作时所编的造器号，"东平陵厨鼎"表明的是产地和用途，"容五升"为容积，"四斤一两"为其重量，"第百九"为使用时所编的用器号。

青铜器 书契万象 中国文字博物馆馆藏精品图录

簋是古代中国用于盛放煮熟饭食的器皿，也用作礼器。

商"徙"铜簋

商

高 17.7 厘米，口径 23.7 厘米，腹深 13.3 厘米，重 2760 克。

体呈圆形，侈口，窄沿外折，腹壁斜收，圜底，圈足较高。沿下外壁一周为三组相对的夔龙纹，中间饰一凸出的兽首。圈足与底相连处有三个不规则的镂孔，圈足饰兽面纹。内底有一铭文"徙"。

青铜器

书契万象

中国文字博物馆馆藏精品图录

商"爰"铜簋

商　1984 年河南安阳铁西区戚家庄 M269 出土

高 15.2 厘米，口径 19.8 厘米，足径 14.6 厘米，腹径 19.1 厘米，重 2400 克。

大圆口，方唇，束颈，鼓腹，平底，高圈足。圈足外撇，下部直角下折。腹部有两个对称的兽头半圆形耳，口沿下饰三角纹一周，颈部饰龙纹四组，每组三龙。颈部两侧有对称的兽头各一个。腹部两面各有一条凸脊，共饰兽面纹四组，各以圆耳、凸脊为鼻。每组两龙，龙头相对，尾上卷。圈足上饰兽面纹两组，各以凸脊为鼻，每组四龙，两两相对。器内底中部铸一铭文"爰"字。

西周"太师虘"铜簋

西周 1940 年 2 月陕西扶风任家村窖藏出土

　　高 18.7 厘米，宽 31.4 厘米，重 6080 克。

　　矮体，鼓腹，圈足，颈两侧有风格独特的兽头鋬。有盖，盖顶捉手喇叭形。盖面与器腹均饰竖直纹，颈部及圈足上各饰粗弦纹一道。盖器同铭，各铸铭文 7 行 70 字："正月既望甲午，王在周师量宫。旦，王格大室，即位。王呼师晨召太师虘入门，立中廷。王呼宰舀赐太师虘虎裘。虘拜稽首，敢对扬天子丕显休，用作宝簋。虘其万年永宝用。唯十又二年。"此簋铭文纪时完整，有年、月、月相、干支日，是研究西周历法和年代的珍贵资料。

鬲是古代煮饭用的炊器，鬲足中空是为了容易煮熟食物，它应是煮黍稷或烹鱼肉的用具。

青铜器 — 书契万象 — 中国文字博物馆馆藏精品图录

西周"善夫吉父"铜鬲（3件）

西周 1940年2月陕西扶风任家村出土

高12厘米，口径16.7厘米，裆深6.8厘米，重1360—1640克。

平沿外折，方唇，短束颈，丰肩，分裆，蹄足。腹部饰夔纹至足部，肩部、腹部有三个凸出的月牙形扉棱与三足相对。口沿上有阴铸铭文17字："善夫吉父作京姬尊鬲，其子子孙孙永宝用。"

青铜器 书契万象 中国文字博物馆馆藏精品图录

西周夔龙纹带铭铜鬲

西周

高 10.7 厘米，口径 14.9 厘米，重 830 克。

侈口近平，束颈，略鼓腹，腹部饰一周三组相对的夔龙纹，裆部呈弧形，三柱足，口沿铸有铭文，字迹模糊。

青铜器

书契万象

中国文字博物馆馆藏精品图录

盨是用来盛黍稷的食器，也可用作礼器，从簋变化而来，西周中期偏晚的时候开始流行。

西周"伯梁其"铜盨

西周 1940 年 2 月陕西扶风任家村窖藏出土

高 19.5 厘米，腹深 10 厘米，重 4580 克。

长方形，圆角，敛口，腹微鼓，两端有兽首耳，圆足正背面有壶门形缺，盖上有 4 个云朵形扉。盖顶饰兽目交连纹，盖沿和口下饰变形兽体纹，盖上和腹饰瓦纹。盖器同铭，各铸铭文 4 行 31 字："伯梁其作旅盨，用享用孝，用匃眉寿多福，畯臣天子万年唯极，子子孙孙永宝用。"

青铜器——书契万象 中国文字博物馆馆藏精品图录

西周"杜伯"铜盨

西周

高 14.1 厘米，长 27.6 厘米，宽 16.4 厘米。

器形呈椭方形，敛口鼓腹，腹两端各有一兽首耳；圈足外侈，前后和两侧中部内凹；盖面有四个鸮耳形扉。盖沿和器口饰重环纹，盖上和器腹饰瓦棱纹。此盨器盖同铭，各铸 4 行 30 字："杜伯作宝盨，其用享孝于皇神、祖考与好朋友。用祷寿，介永命，其万年永宝用。"

簠是古代祭祀和宴飨时盛放黍、稷、粱、稻的方形器皿。

春秋"宋公栾"铜簠

春秋　1979 年 5 月河南固始县侯古堆 1 号墓出土

高 22.2 厘米，口宽 25.7 厘米，口长 33.5 厘米，重 10660 克。

盖器形制相同，长方口，直壁斜腹，平底，四个矩形足外侈，两侧有粗状的兽首耳一对，通体饰雷纹。盖器同铭，各 20 字："有殷天乙汤孙，宋公栾作其妹句敔夫人季子媵簠。"

宋公栾即宋景公，此簠为宋景公为其妹句敔夫人出嫁时陪嫁的器皿。

青铜器—书契万象—中国文字博物馆馆藏精品图录

甗原为烹饪用的厨具，后作为礼器。造型分为上下两部分，上部分为甑，可以盛放食物，甑底有一穿孔的箅，利于蒸汽通过；下部是鬲，用以煮水，高足间可烧火加热。

春秋"曾子中□"铜甗

春秋　河南南阳新野县出土

　　高 37.5 厘米，口径 28.36 厘米，腹深 14.5 厘米，重 7850 克。

　　上甑敞口，两耳外撇，附耳，饰窃曲纹，颈部饰变形龙纹一周，束腰。下鬲有两耳，三柱足。上甑内壁铸 21 字："隹曾子中□用其□□，自作旅甗，子子孙孙其永用之。"

斝是古代用于温酒或盛酒的酒器，也被用作礼器。由新石器时代陶斝发展而来，盛行于商晚期至西周中期。明清以后，因已发明蒸馏酒，酒精度数提高，酒具也相应地变小，斝作为酒器，彻底消失。

商"爰"铜斝

商　1984 年河南安阳戚家庄东出土

　　高 35.6 厘米，口径 19.6 厘米，腹围 14 厘米，重 2890 克。

　　口外侈，尖唇，口上双伞柱。柱顶饰圆涡纹，高领折肩，颈部饰有两两相对凤鸟纹三组，每组凤鸟纹中间以兽面相隔；腹部外鼓近直，饰有两组夔龙纹，云雷纹衬底，鋬上有一兽首，兽耳高耸。口沿内壁铸一"爰"字。

爵是古代的酒器，流行于夏商周，也是祭祀时礼器中的饮酒器。其功能为装盛香酒或浇酒以敬神。

商"爰"铜爵

商　1984 年河南安阳铁西区戚家庄 M269 出土

高 21 厘米，流至尾 17 厘米，腹径 6.05 厘米，重 620 克。

宽流窄尾，双伞柱，腹部饰三弦纹，卵形底，三棱足，鋬内铸一铭文"爰"字。

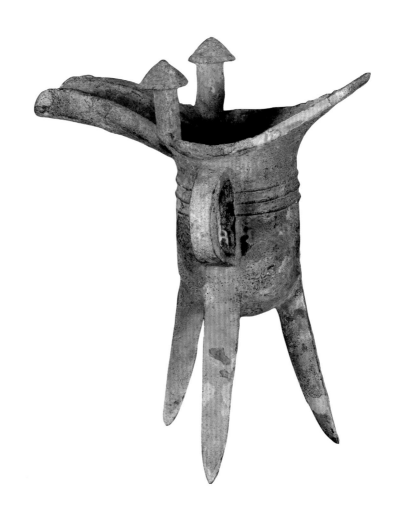

西周"父辛"铜爵

西周

高 22.5 厘米，流至尾长 17.12 厘米，腹径 5.93 厘米，重 590 克。

宽流，尖尾，伞状双柱，一侧有兽首状鋬，圜底，下有三棱状足，腹部饰兽面纹，鋬下铸有"父辛"2 字。

青铜器

书契万象

中国文字博物馆馆藏精品图录

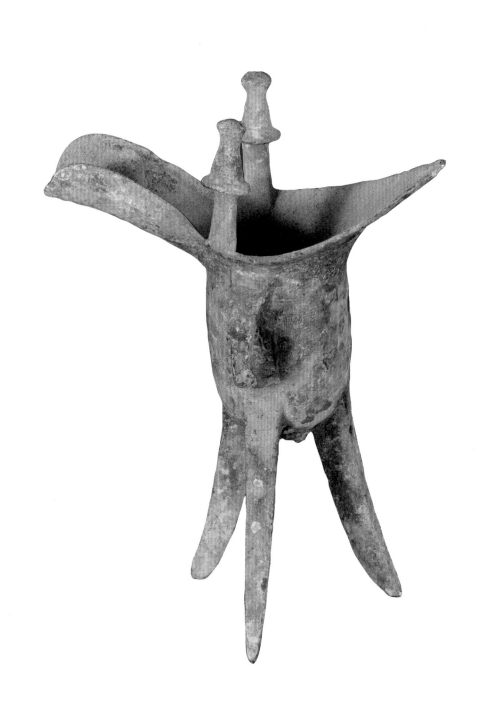

觚是酒器和礼器，盛行于商周时期，多为青铜制成，形状细长，口部和底部都呈喇叭状。商代酒器最基本的组合是一爵一觚，用以斟饮。

商"爱"铜觚

商　1984 年河南安阳铁西区戚家庄 M269 出土

　　高 21 厘米，口径 14 厘米，腹径 5.89 厘米，底径 9 厘米，重 860 克。

　　矮体，喇叭口，腹部较粗，中部外鼓，底圈足。腹部上端饰三周凸弦纹，腹部饰两组兽面纹，无底纹。腹部下端饰凸弦纹三周。圈足内壁一侧铸一"爱"字。

商"亚其"铜觚

商

高 21.4 厘米，口径 14.4 厘米，底径 8.1 厘米，重 900 克。

圆柱形，口外侈呈喇叭口，细腰，圈足外撇，圈足内壁铸 2 字"亚其"。

罍是古代盛酒器和盛水器。

商"爰"铜罍

商

高 40 厘米，口径 17 厘米，腹部宽 37.8 厘米，底径 16 厘米，重 7480 克。

侈口，长唇，束颈，广肩，腹部下收，低圈足，平底，肩部有两个对称的半环形耳，两耳间腹下部一侧有一个半环形耳，三耳上饰有相同的牛面兽纹。颈部饰凸弦纹两周，肩部两侧有圆涡纹六个。口沿内壁一侧铸一"爰"字。

书契万象

中国文字博物馆馆藏精品图录

觯是古代饮酒用的器皿。

青铜器——书契万象
中国文字博物馆馆藏精品图录

商"子"铜觯

商

高 14.4 厘米，口径 8 厘米，腹径 7.6 厘米，重 510 克。

广口折沿，长颈向下渐粗，腹部外鼓，圈足沿外撇。颈部有纹饰。内底铸铭文"子"字。

壶是古代盛酒器和盛水器。

西周环带纹铜壶

西周　1940 年 2 月陕西扶风任家村出土

高 54.5 厘米，口径 17 厘米，腹深 41.6
厘米，底径 26.5 厘米，重 13170 克。

壶盖捉手内有卷曲鸟纹，衬云雷纹地，
直口，器身饰有三层波带纹，颈部两侧有两
龙首耳，有衔环各一，圈足饰斜角云纹。

西周"贾伯"铜壶

西周

共有 2 件，连盖高 47.2 厘米，身高 40.5 厘米，宽 31.1 厘米，重分别为 10320 克、10750 克。

壶横切面基本呈圆角方形。壶盖敛口，顶部外饰"S"形双龙纹，周边环绕饰一组无目窃曲纹。壶身平口，鼓腹，颈两侧附有龙形兽首环耳，壶颈饰有一周回首垂冠凤鸟纹，鼓腹上有田字形扉棱，壶盖外侧铸有铭文 8 行 33 字："隹王二月既死霸丁亥，贾伯作世孟姬尊壶，用享用孝，用祈万寿，子子孙孙永宝用享。"

青铜器

书契万象

中国文字博物馆馆藏精品图录

铭文内容记述了某年二月，贾伯为要嫁往世国的长女铸造铜壶一对，用于祭祀祖先神灵和祈求万寿之用。贾伯壶的铭文内容研究价值极高。贾国立于西周初期，春秋早期灭于晋。《左传》中记载贾伯出征，此铭文证实了贾国国君为"贾伯"。

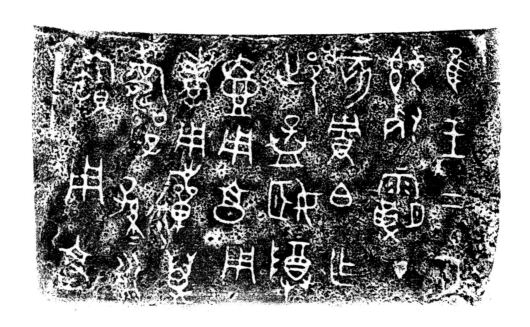

罍是古代盛酒器和盛水器。

西周"善夫吉父"铜罍

西周　1940年2月陕西扶风任家村出土

高39.2厘米，口径15.5厘米，腹径31.4厘米，重9200克。

子母敞口，方唇外翻，唇下有对称的两环钮，广肩高体，肩上有两小龙如耳，腹深，平底，无圈足。盖有圆执手，盖饰鳞纹，颈部饰环连纹一周，腹通体呈鳞纹。口沿内部及盖内部各有铭文15字："善夫吉父作旅罍，其子子孙孙永宝用。"

青铜器——书契万象

中国文字博物馆馆藏精品图录

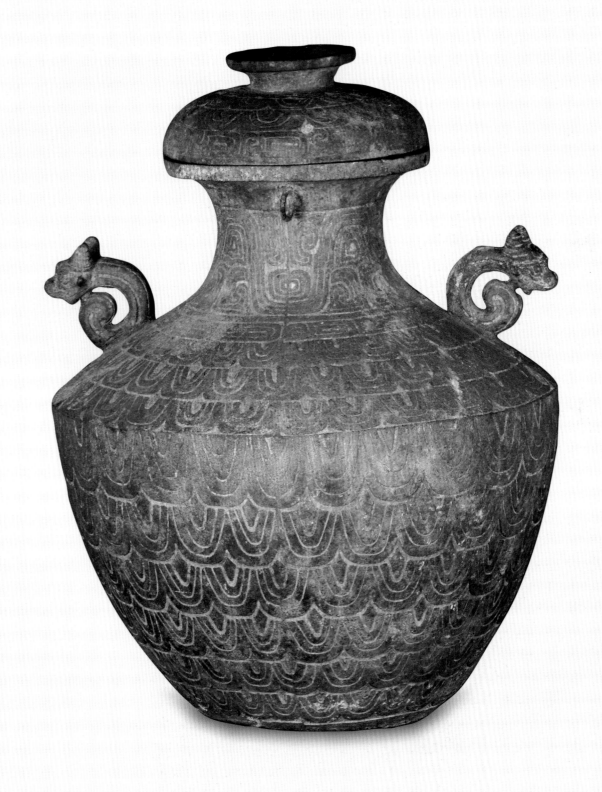

铜镜是我国青铜器中的重要门类，地位特殊。根据文献记载，自战国以来，礼崩乐坏，象征王权与神权的青铜器文化逐渐衰落，而铜镜却不断发展。铭文铜镜出现于汉初，正是鼎铭消亡之际，有学者称"鼎铭衰落时恰为镜铭兴起时"，西汉铜镜更多反映的是当时人们的精神生活与文化生活，是西汉社会精神文化的真实缩影。

西汉"见日之光"铜镜

西汉

直径 6.9 厘米，缘厚 0.28 厘米。

圆形，圆形钮，钮外连弧一周，外一圈小斜线纹一周，铸有铭文一周："见日之光，天下大明"。

三国画像铜镜

三国

直径 13 厘米，缘厚 0.4 厘米。

圆形，圆钮座，内区主纹饰为三神三兽相间绕钮环列，其间等距离置八枚环状乳。外区为半圆、方枚带，半圆枚饰连弧纹，方枚上铸"天王日月"四字铭文。

青铜戈是我国古代特有的一种长柄冷兵器，横刃，是车兵作战用的一种最常用的兵器，在战争中能够大范围内挥击，能勾能啄、可推可掠，具有极强的杀伤性，常在战车上进攻时使用。

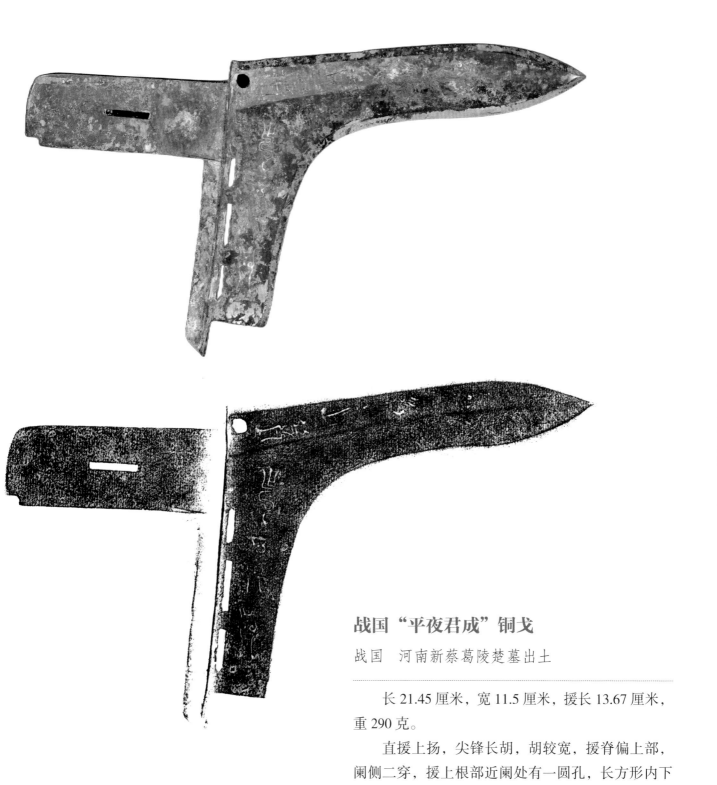

战国"平夜君成"铜戈

战国　河南新蔡葛陵楚墓出土

长 21.45 厘米，宽 11.5 厘米，援长 13.67 厘米，重 290 克。

直援上扬，尖锋长胡，胡较宽，援脊偏上部，阑侧二穿，援上根部近阑处有一圆孔，长方形内下角有缺，援与胡共铸篆体铭文6字："平夜君成之用。"

战国"十六年郑令"铜戈

战国 1971 年新郑出土

长 25.4 厘米，宽 12.6 厘米，援长 15.8 厘米，重 460 克。

直内，尾部略上翘，长援，内与援相接处残，有三穿，断刺，内尾部有刻铭 19 字："十六年，郑令肖距，司寇彭璋，武库工师皇隹，冶瘠。"

青铜器——书契万象——中国文字博物馆馆藏精品图录

铜方升，是秦代作为统一全国量制而由官府颁发的标准量器。

秦"始皇二十六年诏"铜方升

秦

残长 6.2 厘米，高 2.6 厘米，宽 7.9 厘米，重 790 克。

方升底部和侧壁上刻有秦始皇二十六年诏书："廿六年，皇帝尽并兼天下诸侯，黔首大安，立号为皇帝，乃诏丞相状、绾，法度量则不壹歉疑者，皆明壹之。"

青铜器——书契万象

中国文字博物馆馆藏精品图录

钱币
QIANBI

春秋"商"字空首铜布币

春秋

长 9.5 厘米，宽 5.30 厘米，厚 0.12 厘米，重 24.6 克。

铲形，空首，銎部残，有一穿孔，束颈略直，平肩，两足尖呈弧形，正面有三竖线，上铸有一"商"字。

春秋"土"字空首铜布币

春秋

长 9.61 厘米，宽 5.13 厘米，厚 0.08 厘米，重 27.7 克。

铸制，呈铲形。长銎，銎上部一星，中部一穿，平肩，桥形足。布身两面均有三直纹，中间的一条至銎部，布身正面左中部铸有一"土"字。

春秋"册"字空首铜布币

春秋

长 10.91 厘米，宽 5.20 厘米，厚 0.22 厘米，重 20 克。

铲形，空首，銎部有两个小穿孔，束颈，平肩，两足尖，呈弧形，正面有三竖线，上铸一"册"字。

春秋"非"字空首铜布币

春秋

长 9.60 厘米，宽 5.10 厘米，厚 0.11 厘米，重 30.7 克。

铲形，空首，銎部略残，束颈，平肩，两足尖，呈弧形，正面有三竖线，上铸一"非"字。

战国"梁正尚百当乎"铜布币

战国

长 5.90 厘米，宽 4.30 厘米，厚 0.12 厘米，重 12 克。

铲形，平首，直颈。略溜肩，两足近平，一足缺残，正面铸有铭文 6 字"梁正尚百当乎"。

战国"安邑二釿"铜布币

战国

长 6.35 厘米，宽 4.20 厘米，厚 0.22 厘米，重 21.4 克。

铲形，平首，束颈，肩部略平，两足平，正面有一条竖线，两边各铸二字，共 4 字铭文"安邑二釿"。

战国"明"铜刀币

战国

刀状,刀首近于三角形,刀环呈圆形,刀柄略弯曲,刀身正面铸有"明"字铭文。

长 13.8 厘米,宽 1.3 厘米,厚 0.21 厘米,重 15 克。

长 13.8 厘米,宽 1.3 厘米,厚 0.2 厘米,重 18.3 克。

长 13.65 厘米,宽 1.76 厘米,刀背厚 0.15 厘米,重 21 克。

钱币

书契万象
中国文字博物馆馆藏精品图录

战国"安阳"平首铜布币

战国

长 4.3 厘米，宽 2.8 厘米，厚 0.1 厘米，重 10 克。
平首，平肩，方裆，平足。正面铸铭文"安阳"。

战国"枋布当釿"铜币

战国

长 10.4 厘米，厚 0.21 厘米，重 36.7 克。

体长腰瘦，首呈倒梯形，上有大孔。平肩，正面铸有"枋布当釿"4 字铭文。

钱币 —— 书契万象 中国文字博物馆馆藏精品图录

战国"垣"字铜钱

战国

直径 4.0 厘米，厚 0.18 厘米，重 14 克。
圆孔薄饼形，面背平夷，厚肉薄缘，穿孔缘和外缘锐利。面文铸一"垣"字，背无文。

钱币

书契万象

中国文字博物馆馆藏精品图录

西夏文"大安宝钱"铜钱

西夏

直径 2.3 厘米，厚 0.2 厘米，重 2.1 克。
边缘有两小豁口，为西夏惠宗大安年间铸造的钱币，上铸有"大安宝钱"西夏文铭文。

西夏文"乾祐宝钱"铜钱

西夏

直径 2.3 厘米，厚 0.2 厘米，重 4.1 克。
边缘有一小豁口，方孔，上铸有"乾祐宝钱"西夏文铭文。铸工精细，轮廓规整。

西夏"天盛元宝"铜钱

西夏

直径 2.3 厘米，厚 0.21 厘米，重 2.7—3.6 克。

圆形方孔，边廓峻深，光背无文。面文"天盛元宝"四字楷书。

西夏"光定元宝"铜钱

西夏

直径 2.5 厘米，厚 0.2 厘米，重 2.8—3.4 克。
圆形方孔，边廓峻深，面文"光定元宝"四字楷书。

钱币

书契万象

中国文字博物馆馆藏精品图录

西夏"皇建元宝"铜钱

西夏

直径 2.4 厘米，厚 0.2 厘米，重 2.4—2.9 克。

圆形方孔，边廓峻深，光背无文。面文"皇建元宝"四字楷书。

钱币

书契万象

中国文字博物馆馆藏精品图录

辽"天朝万顺"铜钱

辽

直径 3.9 厘米，厚 0.3 厘米。

圆形方孔，有廓，正面铸有 4 个契丹文"天朝万顺"铭文。

钱币

书契万象

中国文字博物馆馆藏精品图录

元八思巴文"大元通宝"铜钱

元

直径 3.9 厘米，厚 0.3 厘米。

圆形方孔，有廓。钱文为八思巴文"大元通宝" 4 字。上、下、右、左连读。

璽印符牌

XIYIN FUPAI

玺印符牌 书契万象

中国文字博物馆馆藏精品图录

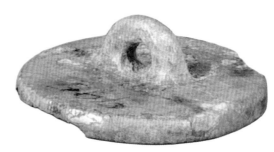

战国铜印

战国

直径 2 厘米，厚 0.2 厘米，重 1.9 克。
圆形，半环形钮，印面"酉鉨"2 字。

西汉 "冯光私印" 铜印

西汉

边长 1.3 厘米，高 1.6 厘米，重 36 克。

蛙钮，趴状，头部略残，鎏金，方座。

印文为"冯光私印"4 字，篆文。

西汉 "任不疑印" 铜印

西汉

边长 1.6 厘米，高 1.7 厘米，重 2.5 克。

桥梁钮，方座，印文为"任不疑印"4 字，篆文。

玺印符牌 书契万象 中国文字博物馆馆藏精品图录

西汉"田程"穿带铜印

西汉

边长 1.9 厘米，高 0.9 厘米。

方形，中间有长方形穿孔，印文为"田程"2 字，篆文。

西汉"湖阳敦都卿印"套印母印

西汉

最大边长 1.6 厘米，高 1.9 厘米，重 10 克。

呈方形，母印龟钮，首部残，套印呈方形，印面为 6 字篆文"湖阳敦都卿印"。

西汉"部曲将印"石印

西汉

边长 2.30 厘米，高 2.27 厘米，重 60 克。

印面呈正方形，背部中间有桥型钮。印正面无边框，中部篆文"部曲将印"，阴文。

西夏文"首领"铜印

西夏

边长 6 厘米，高 3 厘米。

印背的右边有 4 个字，左边有 4 个字，钮上有一个字意为"上"，印文为西夏文九叠篆，翻译为"首领"。

西夏文宿卫牌属于腰牌的一种类型。腰牌源于商周时期的"牙璋"，后经过衍生发展，又称"符节""符牌""牌符"等。此铜牌为西夏宫廷中通行时所使用的信物。正面刻西夏文"内宿待命"4个字，背面刻一个双线西夏文，为牌证番号。

西夏"内宿待命"铜腰牌

西夏

长6厘米，宽3.5厘米，厚0.3厘米。

此牌也称"宿卫牌"，正面刻西夏文"内宿待命"4个字。牌的形制为长方铲形，周边起沿，下端为相连的两个弧形，上有悬佩穿孔。

陶瓷

TAOCI

新石器时代仰韶文化彩绘陶缸

新石器时代　1989年河南汝州洪山庙出土

高39.1厘米，口径26.7厘米，底径19厘米，腹围97厘米。

红陶，敞口，圆唇，深腹，平底，腹部一侧有黑白两色彩绘图案，用作瓮棺。

陶瓷——书契万象
中国文字博物馆馆藏精品图录

新石器时代仰韶文化彩绘陶缸

新石器时代 1989年河南汝州洪山庙出土

高 38.65 厘米，口径 29.3 厘米，底径 14.1 厘米，腹围 104 厘米。

红陶，敞口，圆唇，深腹，平底，沿下有 4 个对称的鼻钮，腹部一侧有黑色手绘图形，用作瓮棺。

新石器时代裴李岗文化"十"形刻符陶垂球

新石器时代　河南舞阳贾湖出土

长 3.83 厘米，直径 2.63 厘米。

红陶，上大下尖呈圆锥形，顶下部有一圈刻痕可用于系绳，圆形顶部上有一刻符"十"。

春秋"降亭"陶釜

春秋　山西翼城出土

口径 20.2 厘米，高 13.1 厘米。

敞口，圆唇，短颈，圜底，腹部饰数周绳纹，颈部有阴文"降亭"2 字，用作炊器。

战国戳印陶罐

战 国

高 15 厘米，腹部最大直径 17 厘米。

敞口，短颈，鼓腹，圜底，通体饰绳纹，颈部有一不规则阳文戳印，印文为"东郭□"3字，为秦系文字，用作盛放食物。

陶瓷

书契万象

中国文字博物馆馆藏精品图录

战国戳印陶蒜头瓶

战国

高 26 厘米，腹部最大直径 19 厘米。

直口，蒜头式，长颈，溜肩，圆腹，平底，腹部有一方形阳文戳印，印文为"竟里□□"4 字，为秦系文字。

陶瓷 —— 书契万象

秦 "里同竟" 带盖陶食盒

秦

高 15 厘米, 直径 21 厘米。

灰陶, 盒与盒盖子母口相合, 整个器形呈扁圆形, 盖与器身形状相似、大小相近。腹内有方形阳文戳印, 印文为 "里同竟" 3 字。

汉"醒万石"陶壶

汉

高 24 厘米，口径 9.8 厘米，腹径 15.5 厘米。

无盖，敞口，细颈，鼓腹，假圈足，腹部有朱文"醒万石"3字。

汉"陕市"陶罐

汉

- -

　　高 25.9 厘米，口径 12.4 厘米，腹围 80 厘米。

　　敞口，平沿，方唇，短颈，鼓腹，平底，腹部有阴文"陕市"2 字。

汉 "高乐长印" 陶仓

汉

高 31 厘米，直径 19 厘米。

灰陶，圆唇，直颈，斜肩，直筒式，无足，平底，仓上方有一圆形仓口，仓身数周弦纹，仓身下部有一方形阳文戳印，印文为"高乐长印"4 字。

汉"宋金亭"带盖陶食盒

汉

高 17 厘米，直径 21 厘米。

灰陶，盒与盒盖子母口相合，整个器形呈扁圆形，盖与器身形状相似、大小相近。腹内有方形阳文戳印，印文为"宋金亭"3 字。

汉"器府"陶仓

汉

高 20 厘米，口径 13 厘米。

灰陶，圆唇，直颈，斜肩，直筒式，无足，平底，仓上方有一圆形仓口，仓身数周弦纹，仓身下部有一方形阳文戳印，印文为"器府" 2 字。

瓷枕是中国古代瓷器中较为流行的一种器型。用作寝具，同时也用以辟邪、按脉等。瓷枕最早创烧于隋代，唐代以后开始大量生产，并逐渐成为人们喜爱的床上用具。到了两宋及金、元时期，瓷枕的发展进入了繁荣期，产地遍及南北，造型非常丰富。

宋白底黑花诗文瓷枕

宋

　　长 45.5 厘米，宽 17.5 厘米，高 13 厘米。

　　方形，白釉，通体饰以黑彩。枕面正中开光内写有一首词，开光外四角为花卉；侧面开光内外皆为花卉，其中一个侧面左右边缘还有行书广告语："古相甆（瓷）不俗，张家枕不凡。"

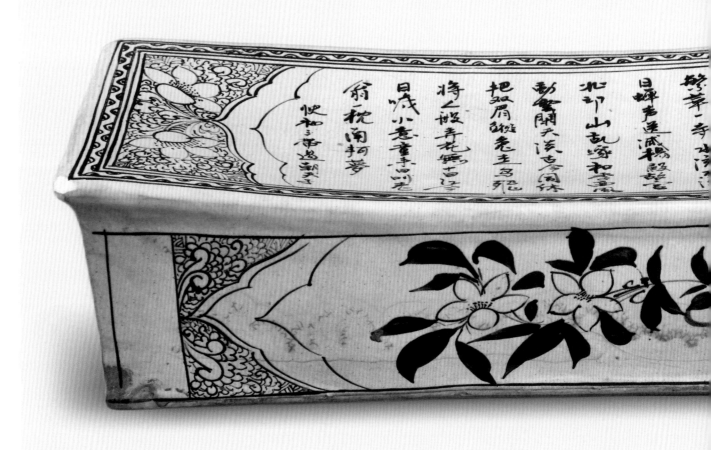

陶瓷

书契万象

中国文字博物馆馆藏精品图录

盘是盛放物品的浅底器具，比碟子大，多为圆形。

清豆青青花福寿纹盘

清

口径 26 厘米，高 4.1 厘米。

敞口，浅腹，平底，矮圈足，中间绘寿纹，周边绘有
两圈福纹。通体施豆青釉，足内有仿明款"成化年制" 4 字。

清青花百寿纹盘

清

口径 27.4 厘米，高 5.6 厘米，深 4.3 厘米。

敞口，浅腹，圈足，内腹数周青花寿字图案，内底有一"寿"字，外腹有四个青花图案，通体施白釉。

碗是盛食物的器皿，上面口大而圆。

清青花百寿纹折腰碗

清

口径 17.2 厘米，高 7.3 厘米，腹深 5.5 厘米。

侈口，深腹，折腰，圈足。外围数周青花寿字图案，通体施白釉。

陶瓷——书契万象
中国文字博物馆馆藏精品图录

砖瓦

ZHUANWA

汉 "长乐未央" 瓦当

汉

直径 17 厘米。

陶，深灰色，圆形，有廓，内外边栏，
当心有大乳钉凸起，大乳钉外一圈小乳钉，
字区用双阳线界为四扇面区，每区内有一
阳文小篆，弧式向心排列，4 字小篆为 "长
乐未央"。

汉 "千秋万岁" 瓦当

汉

直径 16 厘米。

灰陶，圆形，有廓，内外边栏，当
心有大乳钉凸起，字区用单阳线及一小
乳钉界为四扇面区，每区内有一阳文小
篆，向心排列，4 字小篆为 "千秋万岁"。

汉 "天下康宁" 瓦当

汉

直径 15.8 厘米，厚 3.15 厘米。

灰陶，圆形，有廓。当面主要为文字及装饰，文字 3 行，每行 4 字，竖行平行排列。有阳文小篆 12 字 "维天降灵，延元万年，天下康宁"。字行间及外侧用乳钉间隔或装饰。字区外有凸线圈栏，并有云纹装饰。

汉 "羽阳千岁" 瓦当

汉

残长 6.3 厘米，直径 16.8 厘米。

灰陶，圆形，有廓，内外边栏，当心有大乳钉凸起，字区用双阳线界为四扇面区，每区内有一阳文小篆，呈弧式向心排列，4 字小篆为 "羽阳千岁"。

书契万象——中国文字博物馆馆藏精品图录

汉 "长生无极" 瓦当

汉

直径 17 厘米，残高 5.5 厘米。

灰陶，圆形，有廓，内外边栏，当心有大乳钉凸起，大乳钉外有一圈小乳钉，字区用双阳线界为四扇面区，每区内有一阳文小篆，呈弧式向心排列，4字小篆为"长生无极"。

汉 "永奉无疆" 瓦当

汉

直径 16 厘米。

陶，圆形，有廓，内外边栏，当心有大乳钉凸起，大乳钉外一圈小乳钉，字区用双阳线界为四扇面区，每区内有一阳文小篆，呈弧式向心排列，4字小篆为"永奉无疆"。

砖瓦

书契万象

中国文字博物馆馆藏精品图录

汉"长生未央"瓦当

汉

直径 15 厘米，红陶。

圆形，有廓，内外边栏，当心有大乳钉凸起，大乳钉外一圈小乳钉，字区用双阳线界为四扇面区，每区内有一阳文小篆，呈弧式向心排列，4 字小篆为"长生未央"。

汉"章和二年五月三日工库华治"砖

汉

长 42 厘米，宽 15.5 厘米，厚 7.2 厘米。

长方形，首尾有子母口，一侧为菱形花纹，另一侧铸有竖行铭文，"章和二年五月三日工库华治"，隶书，用作建筑材料。

汉刑徒砖墓志

汉　河南洛阳出土

为不规则残砖，正面为阴文墓志，记载刑徒姓名和死亡日期。

长 23.6 厘米，宽 24.6 厘米，厚 11 厘米。

长 25 厘米，宽 14.6 厘米，厚 11 厘米。

石器

SHIQI

温县盟书为晋国卿大夫之间举行盟誓时记载誓辞的文书。

石器 —— 书契万象 中国文字博物馆馆藏精品图录

1

2

3

4

战国温县石盟书

战国　河南温县出土

---

1. 长 23 厘米，宽 4.5 厘米；　　2. 长 19 厘米，宽 3.5 厘米；

3. 长 21.8 厘米，宽 3.3 厘米；　　4. 长 21.8 厘米，宽 3.4 厘米；

5. 长 22.5 厘米，宽 3.8 厘米；　　6. 长 21.8 厘米，宽 4.0 厘米；

7. 长 22.9 厘米，宽 4.4 厘米；　　8. 长 23.5 厘米，宽 4.6 厘米。

圭形石片，表面光滑，高低宽窄不一，有的直腰，有的弧腰，正面墨书，竖行。用作晋国卿大夫之间的盟誓。

书契万象
中国文字博物馆馆藏精品图录

5

6

7

8

汉正直碑

汉　清嘉庆三年（1798）四月安阳丰乐镇西门豹祠旁
出土

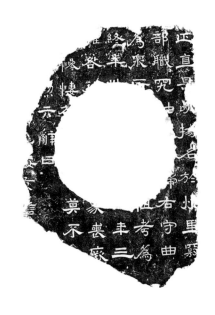

残长 47 厘米，宽 50 厘米，厚 20 厘米。

呈不规则形，只一面似为原边，中部有一个后人所凿
直径约 33 厘米的圆穿孔；残文 7 行 44 字，其中部分字残
缺不全，已经显露出明显的楷化痕迹，可以称之为"隶楷"
或者"新隶体"。

石器——书契万象

中国文字博物馆馆藏精品图录

汉子游碑

汉　清嘉庆三年（1798）四月安阳丰乐镇西门豹祠旁
出土

又名"子游残石"，残长56厘米，宽45厘米，厚17
厘米。

汉元初二年（115）六月刻，隶书。碑断为二，上截
存93字，称"贤良方正"，现存天津博物馆。下截存78字，
称"子游残石"。此碑是东汉早期隶书精品，结字方扁茂密，
用笔圆劲浑厚，布局疏朗有致。

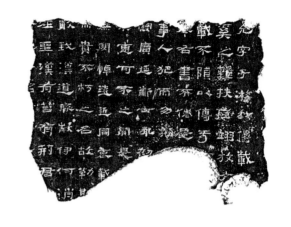

东魏杨洛兴墓志及盖

东魏

　　墓志石边长 30 厘米，厚 4.5 厘米；墓志盖边长 33 厘米，厚 5.8 厘米。

　　墓志盖上文字属于道教云篆，亦称为"真文"。道家认为其有超度亡魂、庇护生者之功用。文字解读为"刀利禅献，婆泥咎通。宛薮涤色，太眇之堂。流罗梵萌，景蔚箫嵋。易邈无寂，宛首少都。阿滥郁竺，华漠莲由。九开自辩，阿那品首。无量扶盖，浮罗合神。玉诞长桑，柏空度仙"。

石器 ——书契万象 中国文字博物馆馆藏精品图录

維大魏武定九年

閏月

廿九

安東將軍

銀青

大

州華山郡君華陰

楊洛興銘記

北齐齐哀世子墓志

北齐

墓志石边长 45.9 厘米，宽 45.6 厘米，厚 7.5 厘米。

北宋段绎墓志

北宋

墓志石边长 76.5 厘米，厚 20 厘米。

石器 ——书契万象

中国文字博物馆馆藏精品图录

唐崔荣墓志

唐

墓志石边长 44 厘米，厚 9.5 厘米。

唐贺兰抗及夫人墓志

唐

墓志石边长 38 厘米，厚 5.5 厘米。

唐路江墓志及盖

唐

墓志石边长 46 厘米，厚 12 厘米；
墓志盖边长 46.5 厘米，厚 11.8 厘米。

石器

书契万象

中国文字博物馆馆藏精品图录

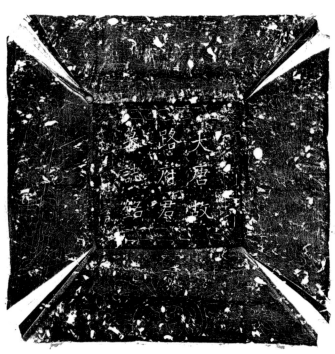

唐故路府君墓誌銘并序

試太常寺太祝鈕昕撰

前集賢院張文哲書

長子光遠建

府君諱江清河人也自周至于有唐戎鄉或相卷編

史諜此略而不書也泪大唐中興重暉再朗各從

其志偃武備文府君稱諱哥心懷忠孝意欲色養

顧侍庭闈親奉甘脆或隱闔闔或訪名山

府君乃水鏡居心繼父之操碧峯千仞秀氣一奇秉

陶朱之術弃原憲之徒雖未展經邦之謀然眾君子

皆題其德也忽尒乘攜所興痊平豈謂陳駒不傳夜

舟夏逝以貞元十一年六月八日壽終于福善私第

春秋七十有三嗚呼志意不從良木斯壞秋月邊奄

星河迁流長子擊胃夫人泣血痛傷親故哀感鄰人

帝摯之胤清河之英三才不墜四事魚明

子之才多愧都公之遇報書貞石聊獻嵩學其詞曰

南縣平樂鄉之原禮也雖不敏幸事高門顧慮無僣

積有餘慶奧保嘉貞彼蒼不吊哲人斯頌

卜其宅地嵩崙之阿北隣金谷南面銅駞

青松欝欝翠嶺峨峩千古水錫万代流波

唐孙广墓志及盖

唐

墓志石边长 42 厘米，厚 11 厘米；
墓志盖边长 42 厘米，厚 10 厘米。

石器 书契万象 中国文字博物馆馆藏精品图录

唐故陝州長史孫君墓誌銘

君蓋廣子帝善信邯鄲人也因官遷駕遂宅永年其

先夫蓋基黃帝善謹相孫君之苗裔吳主孫權之後高

機而引肘相晉驥翼亮述君九以武霸之後連泊連若其

滋以降脈後大主昌安相述九鼎以論陳兵申威觀泊連

祖魏殷後黃鉞之三公三師祖錄聰幼尚書陳書周王變色觀

齊裳將軍之黃軍史父德丞承穎籍赤野緒鈴寶成僕射曾祖山

風雲海光連長史春其君高價有珎詔綬野嗣鈴成林光昭物山水

凌江奇無踏栖神銅不惟住父祖聰尚書依老射光曾祖山垂

俄其陝奇州心戎翹州刺史諜緩野野絳州寶曲沃縣昭垂

十除旦一日陝宮於長史夫人九趙十價有珎詔綬三年曲沃縣令

年歲次蘭乙宮蘊秋第夫人以氏五載誕龍朔三州十二年二月

礼之也侯山川雄王還符帝軒白鶴之瑞呈孫陽之祥地帶風颷瑞鲍盤綬

烏之俟其詞日雄王白玉之鶴鳥呈祥金銮武庫王別金

靈龜迎印鼙告呫鳥之苗孫陽之祥州城東北合青

箱庵磁白泉閣川東注勒頌泉高芳聲永固

唐山众墓志及盖

唐

墓志石边长38厘米，厚7.5厘米；
墓志盖边长38厘米，厚11.5厘米。

唐故處士山君墓誌銘并序

君諱衆字師何內人也自高陽逾潔清嘗於顯生竹林飛譽於嘉猷於遣性戒稟靈星分表粉以河受大命者帝王為人臣有嶽牧咸生為丘公之位殁為貴神之祀金山之會奕先祖扶其中孝應綿書見於茲矢祖之貞隨銀青光祿失夫父唉虎處混燦明晦聞雲靈亏焚東夷蕭者名擯勾辧檀灾亭濱沖靈脈境孔明詔靈亏沉南嶺知命仵慕玄屏廬福田歸心同和器宇沉朝陽晦露忘定塞藏舟堂圓耀孕脊萬流挑李村北初穆莪蕭初民間郡人也記靈寂藏奮每雍秋同秋廿八終十七日卒寢室春秋五十有七歲嗚呼哀永貳隆元年三月易逝西景離腦霜樹易零古以古寢室甲申合葬於故郡城西南七里凡城村北六十步一平乃朝室粵以大唐故九年歲次乙酉八月甲戌朔十一為詞曰盤就於迴衣堪積烏因人笔牧以字為氏代關承宗常山構峰業融令德榮被蓂操芳稔灾志涊雲起習善為樂知君知止爰契桃夫人仁廉俗里蕙諧琴瑟氣齊蘭芷紫芳挹程花芬桃李運促驚波眸時窮墓送敬刊幽篆式通神理

唐于光明墓志及盖

唐

墓志石边长 35.5 厘米，厚 8 厘米；墓志盖边长 34 厘米，厚 8.5 厘米。

石器 —— 书契万象
中国文字博物馆馆藏精品图录

唐故清河路府君夫人于氏墓誌銘并序

夫人姓于諱光明河南人也元和九年暴疾閏

八月四日殁于福善坊私弟享年八十年始歸

于府君諱江曾祖高官略而不書府君

天機博雅於朋友訓子慈愛於親夫人

懿範廉謹謙柔為顏直而溫貌而恭訓婦戒行

為禮於戲夫人宿植妙因董血不知味齋戒

恒修真喰常樂之果以其年九月十日祔于

府君之先瑩宅穿同穴敬養一男日遠孝

行立身忠貞以奉職克儉以色養不仁誰期上

天不祐降斯鍾罰誕遠泰為護喪毀不滅姓晝

候彌新婦鵁夭渡灑如血諸孫悲迍聲啼哽不

秋永訣紀崗應恐陵谷遷刊石紀焉斯父

咽略叙銘曰

減其銘曰

夫人于氏德行先輝親姻瞻仰心悟無為孤墳月下

哀三至孝泣血無追親愛永別

魂芳獨之松檟增烈萬古祀之

唐王氏孙夫人墓志及盖

唐

墓志石边长 44 厘米，厚 10 厘米；墓志盖边长 44 厘米，厚 8.5 厘米。

石器——书契万象 中国文字博物馆馆藏精品图录

君故王氏孫夫人墓誌銘并序

夫東天地才戌稟自然之性山川不異貞

固扨扬不遠之也因祖宦鄭逐而家焉惟其先人

父絢天姿挺生婉順少誦鈴斯之德昇擇

克孚之麗穠筆窈窕寇少夫人孫氏其先人

等妙堂青簡之能紀喈訓誡嚴毅諒它絕而

興生殖鸞鳳於聖前砫珠光於掌止夫

春秋卅有四天寶八載十二月十日窆於

私室以其歲次已丑六月辛酉朔廿二

日壬午殂於郡城西北九里平原禮也嗣

子琪文昊天同擗三日絶漿哀東瞻前路西

塋淇川南眦愁尚北臨温水恐桑田三變陵

谷七遷勒君貽貞万為銘曰人永慕晃行美

君者積福嵌勱興生喈尹吉

唐等慈寺碑

唐

最大残长 66 厘米，宽 39 厘米，厚 22 厘米；最小残长 22 厘米，宽 22 厘米，厚 6.8 厘米。

全称《大唐皇帝等慈寺之碑》，唐颜师古撰文，碑石原在河南汜水（今河南省荥阳市）。碑文记载唐太宗李世民破窦建德后在战处建寺，超度阵亡将士之灵，颂扬战功。碑文楷书，32 行，每行 65 字，碑侧刻宋之丰、杨孝醇等题名额篆书"大唐皇帝等慈寺之碑" 3 行 9 字。

石器 — 书契万象 中国文字博物馆馆藏精品图录

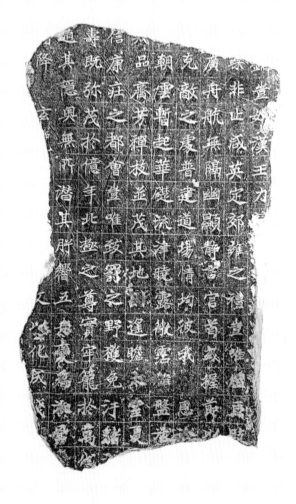

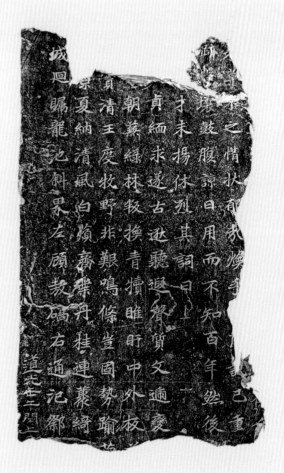

玉器
YUQI

用毛笔在玉片上书写文字，根据所用笔墨颜色的不同也有不同的称呼，用墨水所写的玉片叫作"墨书玉片"，用红色的矿物质磨成粉所写的玉片称为"丹书玉片"，此外古人也会在陶片上书写，在河南安阳小屯曾发现墨书"祀"字陶片。

汉墨书玉片

汉

　　1. 长 10.2 厘米，宽 6.1 厘米，厚 0.4 厘米。释文为：宣室五十三白玉扁一重……母重五斤十四两王益……

　　2. 长 11.5 厘米，宽 5.7 厘米，厚 0.4 厘米。释文为：……一重五两十三朱／……四两王益王正月第十一。

　　3. 长 12.2 厘米，宽 8 厘米，厚 0.4 厘米。释文为：宣室五十五白玉扁一重四两／母重五斤八两□□第十八。

　　4. 长 9.9 厘米，宽 4.7 厘米，厚 0.4 厘米。释文为：宣室五十三白玉扁一重三两十四朱／母重五斤十四两王益第……

　　玉片较薄，表面光滑，形状不规则，正面为墨文隶书，每片皆有文字两行，竖行，平行排列。

玉器——书契万象
中国文字博物馆馆藏精品图录

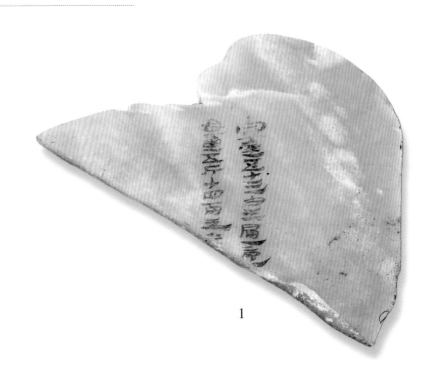

1

2

3

4

清童子玉帽花

清

长 6.4 厘米，宽 2.8 厘米；长 6.4 厘米，宽 2.8 厘米。

青白玉，为主人生前用品，整体为镂空树叶形，叶上雕刻有童子戏水图案，用作帽子上的装饰。

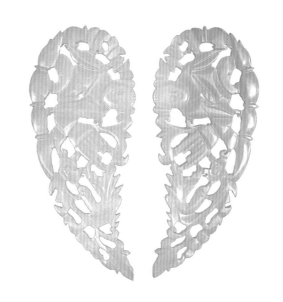

玉器——书契万象 中国文字博物馆馆藏精品图录

清蝴蝶玉帽花

清

长 4.8 厘米，宽 4.8 厘米。

青白玉，为主人生前用品，整体为镂空蝴蝶形，可分为左右两块，通过一圆形榫卯结构相扣。左边蝴蝶翅膀上雕刻有花瓣图案，用作帽子上的装饰。

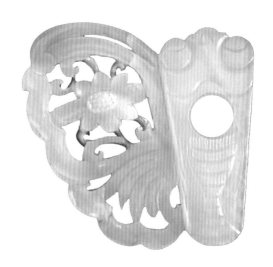

清单层六瓣玉帽花

清

直径 4.8 厘米。

青白玉，有铁锈沁染黑斑于钉孔处，为主人生前用品，单层六瓣花朵形，用作帽子上的装饰。

清三层六瓣玉帽花

清

长 3.8 厘米，宽 3.6 厘米。

青白玉，有铁锈沁染黑斑于钉孔处，为主人生前用品，三层叠雕花朵形，用作帽子上的装饰。

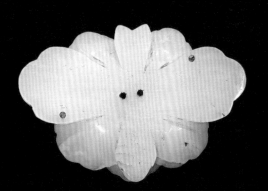

清凤鸟玉帽花

清

长 6.6 厘米，宽 2.2 厘米。

青白玉，有铁锈沁染黑斑于钉孔处，为主人生前用品，用作帽子上的装饰。

竹木

ZHUMU

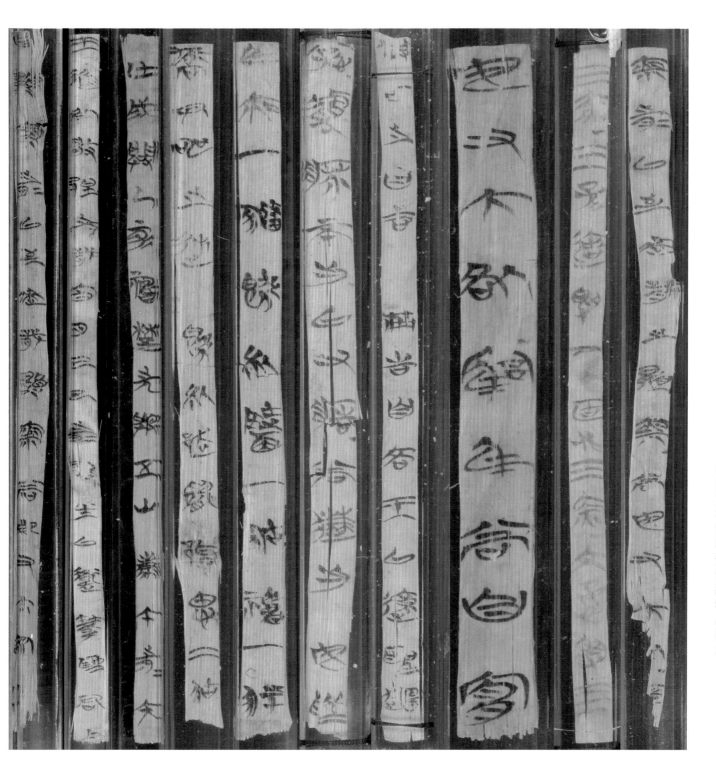

战国竹简

战国 1994 年河南新蔡葛陵楚墓出土

　　从左到右依次长度为：1. 残长 24.6 厘米；2. 残长 27.6 厘米；3. 残长 19.1 厘米；4. 残长 21.7 厘米；5. 残长 18.5 厘米；6. 残长 16.5 厘米；7. 残长 19.4 厘米；8. 残长 10.3 厘米；9. 残长 18.6 厘米；10. 残长 18.5 厘米。

　　竹简残断，宽窄不一，墨书，多书于竹黄一面，性质为卜筮祭祷和遣册。

公元 3 世纪佉卢文简牍

公元 3 世纪

长 17.5 厘米，宽 18.9 厘米。

近似长方形，泛黄，正面墨书佉卢文数行，平行排列；背面有一长方形凹槽，凹槽两端及中间各有刻痕一条，相互平行。

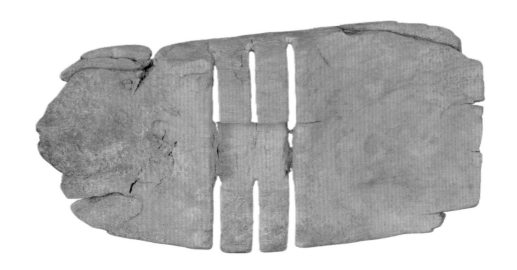

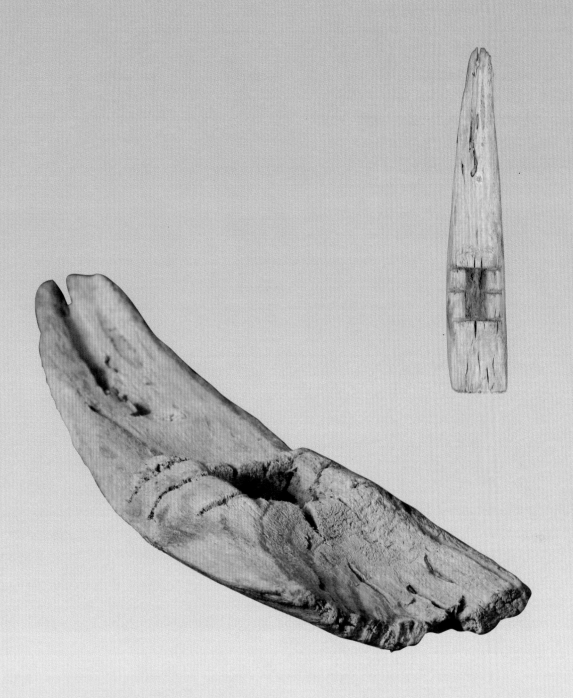

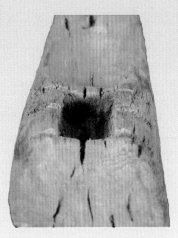

公元 3 世纪佉卢文简牍

公元 3 世纪

长 23.1 厘米，宽 4.4 厘米。

上尖下宽，整体呈弧形，颜色泛白，正面墨书佉卢
文；背面有一方形凹槽，凹槽两端及中间各有刻痕一条，
相互平行。

公元 6 世纪龟兹文木简

公元 6 世纪

长 20 厘米，宽 1.8 厘米。
中间弯折，侧面为龟兹文墨书一行。

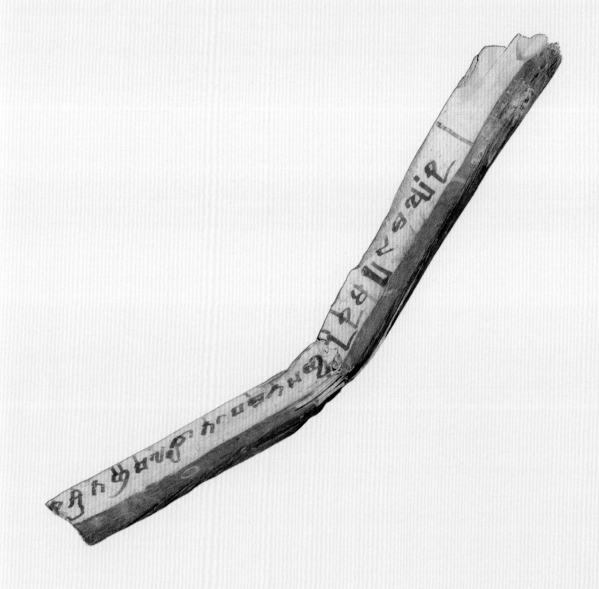

唐吐蕃文简牍

唐

残长 13.6 厘米，宽 2.6 厘米，最厚处 1.3 厘米。
锥形，顶尖底宽，正面平整，背面呈弧形，有墨书吐蕃文。

竹木 ——书契万象 中国文字博物馆馆藏精品图录

宋贝叶经

宋

单张尺寸长 50 厘米，宽 13 厘米，共一套一百八十九张 。

贝叶经多为佛教经典，为古印度梵文文献，具有极高的文物价值。贝叶经有 2500 多年的历史，是用"斋杂"和"瓦都"两种文字书写，有的是用针刺的。是研究语言文字、佛教、宗教艺术等方面的重要资料。

明木活字

明

方形无顶盒子，每盒内有数百枚木活字，每枚木活字为方体，方体顶部为阳文，用于印刷图书。

1

竹木——书契万象——中国文字博物馆藏精品图录

1. 长 27.3 厘米，宽 21.0 厘米，厚 2.6 厘米；
2. 长 28.0 厘米，宽 21.5 厘米，厚 3.0 厘米；
3. 长 28.3 厘米，宽 20.5 厘米，厚 2.5 厘米。

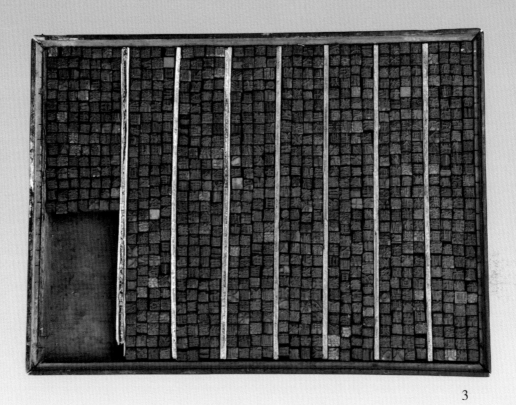

2

3

长 25 厘米，宽 16.8 厘米，厚 1.2 厘米。

方形，边框凸起，双面刻字，阳文楷书，内容为《弟子规》，用于印刷图书。

ZHIZHI

دریا یورۇشادیق دیپ دیبا نیبدردی

عشوق رای نیک بری کوتە آ

آخونە لاردو ریمس حاضر مخ

بو عبلە غیک بدر ریکۇلاق با رین

گلى در غان بركول سویمن

لارى برله خبن غردریدمن

عبدل اخونە لدغە توتسان کم

آللدق بعد الیوم خواه پزرلـ

جغـمیب شیبو حاتقان برکول

بولە تیلغان دعوا سلـ شـ

رواج برکولى علماى عظام

برکول سوخ نابتە برتنک حدد

اساجدلار ادل انقان نجح حاصیل

طاهر اخوخم صحت بالدى د

آخون نوربلک خجان ننا اوجحـ

唐《大乘无量寿宗要经》梵文经卷

唐　敦煌莫高窟藏经洞出土

长 290 厘米，宽 28.6 厘米。

唐《二万五千颂般若波罗蜜多心经》梵文经页

唐　敦煌莫高窟藏经洞出土

长 72 厘米，宽 20.5 厘米。

纸质

书契万象

中国文字博物馆馆藏精品图录

唐《妙法莲华经》卷三残纸
唐

长 32.7 厘米，宽 31.9 厘米。

残片，颜色泛黄，有水渍，上有楷体墨书，竖行，平行排列，残余 24 字，内容为佛经。

唐高昌城"作子名"残纸
唐

长 8 厘米，宽 7.5 厘米。

不规则残片，颜色泛黄，墨文行书 3 行，竖行。

唐《妙法莲华经》卷七残纸
唐

长 32.6 厘米，宽 31.8 厘米。

残片，颜色泛黄，有水渍，上有楷体墨书，竖行，平行排列，残余 18 字，内容为佛经。

宋回鹘文写经残纸

宋

1. 长 5.5 厘米，宽 3 厘米；
2. 长 6.3 厘米，宽 5.3 厘米；
3. 长 16.5 厘米，宽 5.5 厘米。

纸质泛黄，不规则残片三块，墨书回鹘文。

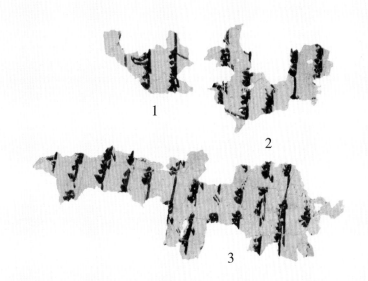

宋阿拉伯文残纸

宋

1. 长 11 厘米，宽 2 厘米；
2. 长 14.5 厘米，宽 12 厘米。

大小残片两块，上有墨书阿拉伯文。

清宣统二年维吾尔文买卖纸契

清

长 34.5 厘米，宽 28.8 厘米。

方形，纸质泛黄，维吾尔文手书，下方盖有圆形墨文印章，性质为契约。

纸质 | 书契万象 中国文字博物馆馆藏精品图录

（维吾尔文契约文书图像）

清宣统三年维吾尔文泰依布卖池水、土地及树木纸契

清

长 40.0 厘米，宽 36.2 厘米。

方形，纸质泛黄，维吾尔文手书，下方盖有圆形墨文印章，性质为契约。

清何焯"松径"行书轴

清

长 76.5 厘米，宽 35.5 厘米。

何焯（1661—1722），字润千，改字屺瞻，号义门、无勇、茶仙等。江苏长洲（今苏州）人。清代著名学者、书法家。清康熙四十二年（1703）进士，选翰林院庶吉士，散馆授编修。与笪重光、姜宸英、汪士鋐并称为康熙年间"帖学四大家"。

释文："松径云迷古寺，竹坡水绕斜塘，江上春帆隐隐，渡头车马苍苍。"

款识：似新和社兄先生　何焯。

钤印：何焯之印（朱）、屺瞻（朱）、贞志斋（朱）。

鉴藏印：高香亭珍藏（朱）、袁羹珍藏（朱）、南庐秘玩（白）、袁敬（朱）、康德楼藏翰林书画记。

跋文：义门先生学问赡博，庋藏宋元旧椠多所评校，实开士礼居思适斋之先河，而遭际盛明，为黄与顾所不及。其以拔贡生入值南斋尤称异数，尔后翔步木天，篆书殿阁，风流文采冠绝清班。南庐主人得其真迹，洵堪珍秘，他日吴郡文献重开展览，当特放一异彩也。丙戌人日（1946 年正月初七），潘昌煦题。

钤印：昌煦（白）。

题边跋者：潘昌煦（1873—1958），江苏苏州人。字由笙，号芯庐、春晖。爱国诗人、书法家。光绪二十四年（1898）进士，选翰林院庶吉士，散馆授编修。

纸质 —— 书契万象 —— 中国文字博物馆馆藏精品图录

清梁同书"雅谈·冲和"行书七言联

清

长 126 厘米，宽 28.5 厘米。

梁同书(1723—1815)，清代书法家。字元颖，号山舟，晚年自署不翁、新吾长翁，钱塘(今浙江杭州)人。工于楷、行书。与刘墉、翁方纲、王文治并称"清四大家"。释文："雅谈本从天性得，冲和常有道心知。"该作品结字端严稳妥、用笔娴静流畅、平和自然、从容洒脱。

清何绍基"我书·此诗"行书七言联

清

长 131.5 厘米，宽 29 厘米。

何绍基 (1799—1873)，字子贞，号东洲，别号东洲居士，晚号猿叟 (一作蝯叟)，湖南道州（今道县）人，晚清诗人、画家、书法家。通经史、精金石碑版。书法初学颜真卿，又融汉魏而自成一家，尤长草书。

释文："我书意造本无法，此诗有味君勿传。"行书取晋代书法传统，笔意含蕴，融篆、隶于一炉，骏发雄强，独具面貌。

清俞樾"抱淑·敦诗"隶书八言联

清

长 201 厘米，宽 38 厘米。

俞樾（1821—1907），浙江德清人。号曲园。为清末著名文学家、古文字学家、书法家，一代经学宗师。道光三十年（1850）进士，选翰林院庶吉士，散馆授编修。释文："抱淑守真，天与厥福；敦诗悦礼，世有令名。"款识：舜卿三兄嘱，曲园俞樾。钤印：曲园居士（朱）、俞樾私印（白）。该联是其代表作之一，字形工稳清健，用笔厚重朴茂，章法井然有序，不着意修饰，颇有《张迁碑》和《三老讳字忌日记》神韵。

清拓秦琅琊台刻石

清

长 84 厘米，宽 77 厘米。

残石现藏于国家博物馆。刻于秦始皇二十八年（前 219），记述秦始皇"器械一量，同书文字"与"功盖五帝，泽及牛马"的殊功。至宋代苏轼为高密太守时，始皇刻石已泯灭不存，仅存秦二世元年所加刻辞，世称《二世诏文》，也就是现在保存下来的《琅琊台刻石》。刻石高 129 厘米，宽 76.5 厘米，厚 37 厘米。今存原石本 13 行，计 86 字，笔画接近石鼓文，用笔既雄浑又秀丽，结体的圆转部分比《泰山刻石》更圆活，确为杰出的小篆代表作。

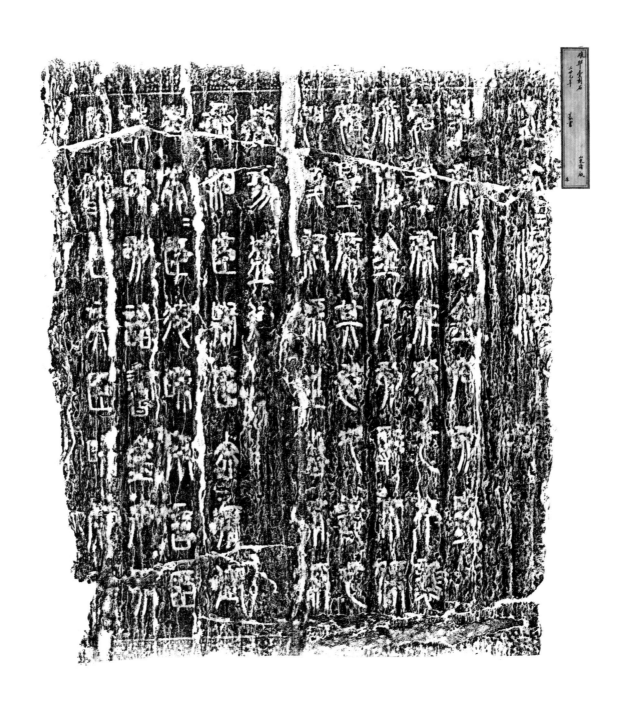

琅琊台刻石

清拓汉袁敞碑

清末

长 100 厘米，宽 74 厘米。

原石现藏辽宁博物馆。《袁敞碑》，全称《汉司空袁敞碑》。东汉元初四年（117）立。篆书，10 行，行 5 至 9 字不等。残石高 78.5 厘米，宽 71.5 厘米。1922 年春出土于河南偃师。袁敞是袁安之子，此碑字迹与《袁安碑》似出一人之手，书法浑厚古茂，雄朴多姿，线条纤细婉转，体态遒劲流畅，飘逸圆融中尽显端庄方正，是汉代篆书的典型代表。

清拓汉石门颂摩崖

清

长 202 厘米，宽 183 厘米。

原石现藏于汉中博物馆。《石门颂》，全称为《汉故司隶校尉楗为杨君颂》。是东汉建和二年（148）由当时汉中太守王升撰文、书佐王戎书丹刻于石门内壁西侧的一方摩崖石刻。《石门颂》是中国书法史上的一座丰碑，它与略阳的《郙阁颂》、甘肃成县的《西狭颂》并称为"汉三颂"，是汉代颂体代表作。结字大小不一，洒落有致，纵横劲拔，流露出天真、飘逸的新奇之趣。用笔多用圆笔，逆锋起笔，回锋收笔，线条沉着劲道，结字舒展放纵，体势瘦劲，飘逸自然，素有隶书中的草书之称，是汉隶中的精品佳作。

纸质

书契万象

中国文字博物馆馆藏精品图录

頃頃牛遭死惡
輕騎還昌弗宵阿涼惡唐
界者雙惡曹君弗害陰鮮棺
君廏守孟文深郡弗越齊輕妻
子虫斯得里度犍為兒王孔高
賢動百律中大以明廉陽闕妻敢所請隹
尌過拾積腐清以明廉異動
父樺靜丞庶政奧乾流通輔君言宜循禮辭

民国王同愈"欲过·无价"草书七言联

民国

长133厘米，宽32厘米。

王同愈（1856—1941），江苏吴县（今苏州）人。清末民初著名学者、藏书家、书画家、文博鉴赏家。光绪十五年（1889）进士，选翰林院庶吉士，散馆授编修。释文："欲过叔度留终日，无价青山为我赊。"款识：念椿仁兄大人正。乙丑四月，王同愈。钤印：王同愈（朱白相间）、栩缘印信（朱）。王同愈的书法以行楷尤精，他最早从赵孟頫入手，后来，又在欧阳询、虞世南、褚遂良等身上下过苦功。他的书法能大能小，他的大字，结构森严；他的小字，一丝不苟，笔笔精到，凭借丰厚的学养，字里行间文气弥漫。

民国七年（1918）维吾尔文"天益恒买底湖巴拉提坎水"纸契

民国

长 96.3 厘米，宽 38.3 厘米。

方形，整体可分为两部分：左边为维吾尔文和汉文的纸契，右边为汉文和维吾尔文的纸契。纸契、格契以及两者之间皆有汉文朱印，贴有印花。

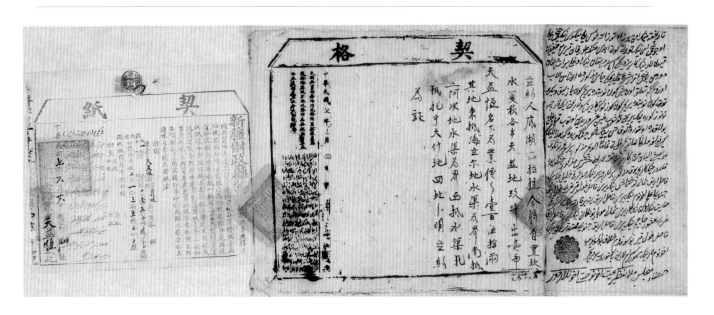

民国十年（1921）维吾尔文"以大衣买艾维五拉坎井水一天半"纸契

民国

长 76.5 厘米，宽 38.3 厘米。

方形，整体可分为两部分：左边为维吾尔文的格契，右边为汉文和维吾尔文的格契。纸契、格契以及两者之间皆有汉文朱印，贴有印花。

民国拓汉张迁碑

民国

碑阳：长 217 厘米，宽 70 厘米；碑阴：长 92 厘米，宽 73 厘米。

原碑现收藏于山东泰山岱庙碑廊。《张迁碑》又名《张迁表颂》，全称《汉故榖城长荡阴令张君表颂》。此碑于东汉中平三年（186）刻立，明代初年出土。是东汉隶书成熟时期的作品，书法造诣高。此碑自出土以来，为历代金石、书法家所推崇。在众多的汉代碑刻中，此碑以古朴、厚重、典雅取胜，字里行间流露出率真之意，具有民间朴质之风，格调峻实稳重，堪称神品。它起笔方折宽厚，转角方圆兼备，运笔遒劲而曲折有力，落笔稳健，可谓是汉隶方笔系统的代表作。

纸质——书契万象
中国文字博物馆馆藏精品图录

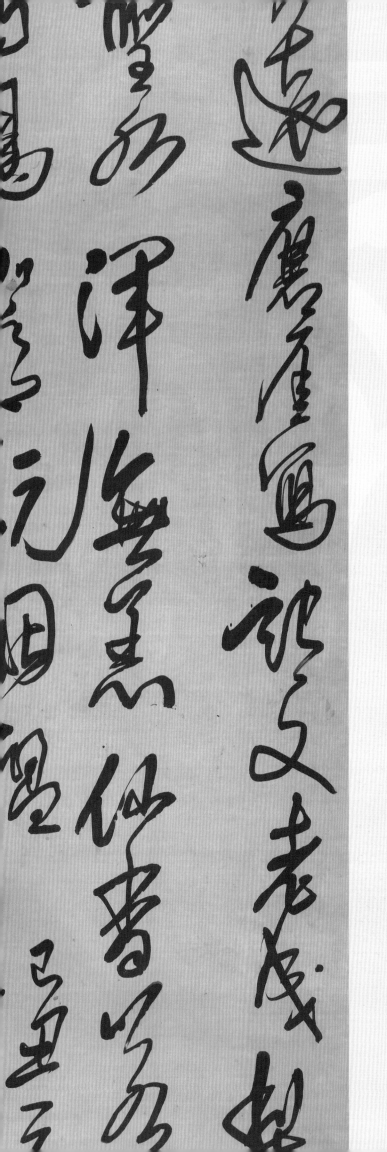

JUANBO

清王铎"不惮"草书轴

清早期　绫本

长334厘米，宽83厘米。

王铎（1592—1652），字觉斯，一字觉之，号十樵、嵩樵，又号痴庵、痴仙道人，别署烟潭渔叟，河南孟津（今洛阳市孟津区）人，明末清初书画家。王铎"不惮"草书轴为其晚年作品，释文："不惮炎方远，磨崖写记文。老成梨岭树，闲适幔亭云。圣水浑无恙，仙香若有闻。寄声虫与鸟，加意玩絪缊。"品相上乘，弥足珍贵。

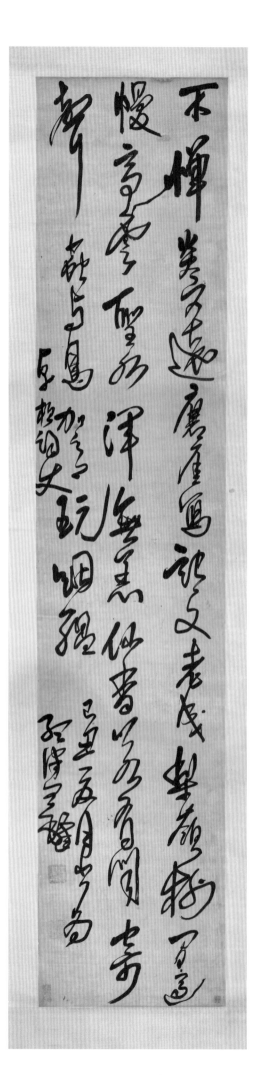

廣馬不可言文書

玩記引無盡思

細懷獨強勿窮

清何焯"弊居"行书轴

清　绢本

长 206 厘米，宽 48.5 厘米。

何焯 (1661—1722)，字润千，改字屺瞻，号义门、无勇、茶仙，晚年多用茶仙，江苏长洲 (今苏州) 人，寄籍崇明。清代著名学者、书法家。与笪重光、姜宸英、汪士鋐并称为康熙年间"帖学四大家"。释文："弊居在丹徒行衙之西，偹闲堂、漾月、佳丽亭在其后，临运河之阔水。东则月台，西乃西山，故宝晋斋之西为致爽轩。环居桐柳椿杉百十本，以药植之，故十年，皆垂荫一亩，真一亩之居也。四月末，上皇山樵人以异石告，遂视之。八十一穴，大如碗，小容指，制在淮山一品之上。五月望，甘露满石次，林木焦苇莫不沾，洁白如玉珠。"款识：长洲何焯临。此作品为何焯临米芾的《甘露帖》，又称《弊居帖》。用笔干练，笔力遒劲，结体广博，此作品体现何焯的闲云出岫、悠然世外的状态。

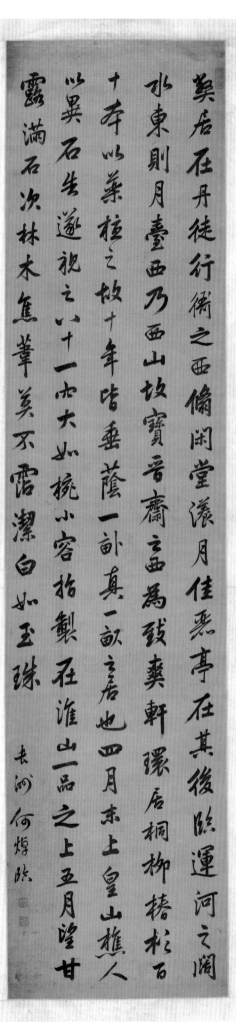

清伊龄阿"天际"行书轴

清 绢本

长 127 厘米，宽 54 厘米。

伊龄阿（？—1795）清满洲镶黄旗人，佟佳氏，字精一。乾隆间由笔帖式补主事，历任两淮盐政、浙江巡抚，官至工部右侍郎。工诗，能书善画。款识：乾隆壬寅仲夏，怡园伊龄阿。钤印：佟雅氏伊龄阿之印（白）、精一（朱）、深心托豪素（白）。释文："天际群峰翠竹围，丹台千尺净朝晖。何人脱屐长松下，坐看青天瀑布飞。西风木落晓猿惊，一水东流日夜声。两岸青山看不尽，扁舟又过楚王城。山头玉气作朝寒，石涧春雷响百滩。知有高人绝尘虑，独临虚阁俯层澜。扁舟晚泊洞庭西，江草江花岸岸齐。却过白龙祠下去，两边枫树鹧鸪啼。"内容选自元末明初郯韶的《山水四景》。

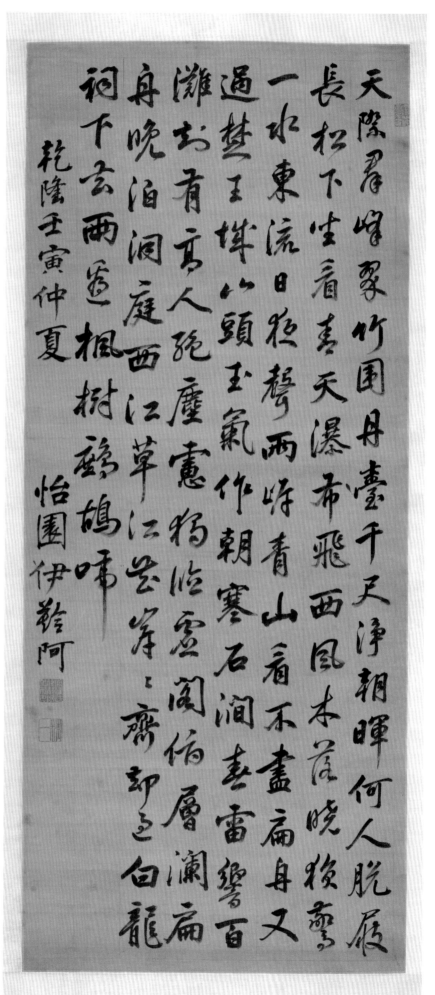

［后 记］

2019 年中国文字博物馆出版了《中国文字博物馆馆藏精品图录》，对部分精品文物进行了梳理展示。随着馆藏文物的增多及对文物本体研究的深入，在此基础上修改增订，形成了《书契万象——中国文字博物馆馆藏精品图录》。本书规范了文物定名，统一了文物介绍体例，增加了近年来入藏的珍贵文物十余件，对文物进行较为完整的展示。

本书编写过程中，得到了多位专家、同仁的支持，在此特别感谢复旦大学出土文献与古文字研究中心刘钊教授在繁忙的工作之余为本书提出具体修改意见，感谢河南博物院陈娟副研究员、安阳博物馆郑嘉凤副研究员在文物定名中给予指导，感谢我馆工作人员刘浩在释文方面的帮助，感谢王华、张芳为图录出版提供资料。

由于编者学识有限，难免存在疏漏与谬误，不当之处，恳请雅正。

编者

2023 年 11 月 27 日